BEI GRIN MACHT SICH IHR WISSEN BEZAHLT

AF140768

- Wir veröffentlichen Ihre Hausarbeit, Bachelor- und Masterarbeit

- Ihr eigenes eBook und Buch - weltweit in allen wichtigen Shops

- Verdienen Sie an jedem Verkauf

Jetzt bei www.GRIN.com hochladen und kostenlos publizieren

GRIN

Bibliografische Information der Deutschen Nationalbibliothek:

Die Deutsche Bibliothek verzeichnet diese Publikation in der Deutschen National-
bibliografie; detaillierte bibliografische Daten sind im Internet über http://dnb.d-
nb.de/ abrufbar.

Impressum:

Copyright © 2011 GRIN Verlag, Open Publishing GmbH
Druck und Bindung: Books on Demand GmbH, Norderstedt Germany
ISBN: 9783668597891

Dieses Buch bei GRIN:

https://www.grin.com/document/384987

Anonym

Von den Internationalen Beziehungen zur Global Governance

GRIN Verlag

GRIN - Your knowledge has value

Der GRIN Verlag publiziert seit 1998 wissenschaftliche Arbeiten von Studenten, Hochschullehrern und anderen Akademikern als eBook und gedrucktes Buch. Die Verlagswebsite www.grin.com ist die ideale Plattform zur Veröffentlichung von Hausarbeiten, Abschlussarbeiten, wissenschaftlichen Aufsätzen, Dissertationen und Fachbüchern.

Besuchen Sie uns im Internet:

http://www.grin.com/

http://www.facebook.com/grincom

http://www.twitter.com/grin_com

Von den internationalen Beziehungen zur Global Governance

Einführung – 1. Vorlesung

- Veränderung bzgl. Verständnis in dieser Teildisziplin
- Stetige Institutionalisierung von Mechanismen auf internationaler Ebene →→ Global Governance; mit dem Begriff IB kann man neuere Akteure (NGOs) nicht greifen
- DQS: Inwiefern entsteht eine politische Ordnung jenseits des Staates?
- Immer schon: starke Wechselwirkung zwischen Realpolitik (Zäsuren im Weltgeschehen) und IB

Wo stehen die IB heute? → Trends

Staaten betreffend:

- 1. Multilateralismus (UNO, WTO, IMF) →→ immer mehr innenpolitisch spürbar und Verrechtlichung (TRIPS/GATT/WTO-Vereinbarung) →→ int. Normen werden immer stärker, national besser umsetzbar; besser international sanktionierbar (Internationaler Strafgerichtshof); **Bsp.: Palästina → UNO nutzen für Erhalt eines nationalen Zieles**
- 2. Unilateralismus (= Alleingang → Irak: Invasion ohne UN-Mandat) und Machtpolitik (nicht mehr so ausgeprägt: USA haben sich in Libyen zurückgehalten); **Bsp.: China will Raumstation bauen**

Gesellschaft betreffend:

- 3. Transnationalismus (NGOs wie *Human Rights Watch*; Rating-Agenturen haben Einfluss auf Finanzsystem → stellen eigenständig Regeln auf) und Vergesellschaftung (→ wachsende Vernetzung durch Kommunikation; Angleichungsprozesse auf sozio-kulturelle Art); **Bsp.: Italien wird abgestuft**

Was heisst Global Governance?

- Antithese ist Unilateralismus und Machtpolitik
- Global Governance beinhaltet 1. und 3. Trend →→ wenn beide ausgeprägt: erhalten wir Weltpolitik; wenn wenig ausgeprägt, dann eher Kooperation zwischen souveränen Staaten (intergovernmental Cooperation)

Wohin entwickelt sich das int. System?

- IB versus Weltpolitik (s. letzter Punkt oben)
- Fragmentierung versus Integration
  →→ widerstreitende Ansichten
- A: Liberale Optimisten → Francis Fukuyama (1992) →→ mit Ende des KK → Zukunft mit harmonischen Staaten, die Werte teilen; Liberale Demokratie setzt sich durch nach Überwinden

der OST-WEST-Bipolarität →→ damit Grundlage des friedlichen Zusammenlebens (s. These des demokratischen Friedens); Modernisierung hin zum Friedenszustand
- B: Realistische Warner → John Mearsheimer (Neorealismus) →→ eigentlich ist Bipolarität die stabilste Form der Weltordnung; Abschreckung/Containment ist wichtig zur Erhaltung des Friedens → ist nun weggefallen.

Ähnliche Thesen auch Samuel Huntington (1993) →→ islamische mit westlich-demokratischer Welt nicht vereinbar → neue Konfliktlinien hier;
→ beide: die Welt wird nicht friedlicher
- Neomarxistische Kritiker → Noam Chomsky (1996), Antonio Negri (2001) → Gemeinsamkeit mit Realisten, insofern, als grundsätzliche Probleme dieselbe sind. Aber sie verordnen sie anders: Problem nicht Macht, sondern Kapitalismus!!! Chomsky und Negri sehen USA als zentralen Akteur → Imperialisten
→→ dieser Ansatz hat aber auch normative Seite: Alternativen suchen! Deshalb nicht im wiss. Mainstream

Grundsatzfragen

- Wohin entwickelt sich das internationale System?
- Was sind die Grunddynamiken der internationalen Politik?
- Weltprobleme und die Chance der Kooperation

Überblick der Weltpolitik im 20. Jhd.

- Was sind IB: Beziehungen zwischen politisch organisierten Gruppen, die klar abgegrenzte Territorien besiedeln und bis zu einem gewissen Grad unabhängig voneinander sind.
- IB (Oberbegriff); Intergouvernemental (B zwischen Regierungen) transnationale Beziehungen (B zwischen Gesellschaften)
- Gründung des Faches IB fiel in Zeit der liberalen Werte (a) Woodrow Wilsons → 14 Pkt. Plan 1918 → darin kommen Grundprinzipien der neuen Weltordnung zum Ausdruck (Selbstbestimmung der Völker, Freihandel, Gründung eines Völkerbundes) → (b) 1928 → Briand-Kellogg-Pakt, der den Krieg als Lösung von Streitigkeiten ächtete
- I. In Frühphase des Fachs dominierte Theorie des Idealismus → Normativ: Welt verbessert sich zum Besseren; Positives Menschenbild; Vertrauen in int. Institutionen; Prämisse einer grundlegenden Harmonie →→→ Reaktion auf 1. WK
- II. Krisen der 30er/40er Jahre und der Realismus:
a)) Schwarzer Freitag 1929 + Weltwirtschaftskrise b)) Autoritäre/Totalitäre Regime c)) Scheitern d. Völkerbundes (Jpn in Mandschurei '31) d)) 2. WK e)) Beginn Ost-West-Konflikt
→→ Realismus: Desavouierung der idealistischen Devise „law, not war": "he only way in which law could be maintained was war"
- III. 60/70er Jahre: Interdependenz: Zäsuren: 1) Kuba-Krise (fast zum 3. WK gekommen, aber nicht. Ausserdem: USA/UdSSR begannen, mehr zu kooperieren), Vietnam-Krieg 2) wirtschaftliche Verflechtung (int. Organisationen vermehrt sichtbar; auch Abkommen wichtiger z.B. GATT)
→→ neoliberale Kritik am Realismus (Keohane) →→ Erklärung, weshalb Staaten kooperieren (aufgrund A: Interdependenz); Ausserdem zwischenstaatliche B nicht alleine, sondern auch B: zwischengesellschaftliche →
- → heute: 17077 NGOs

- + C: Internationale Regime (vereinbarte Prinzipien, Normen, Regeln) →→ Bsp.: SALT I & II, ABM-Vertrag
- IV. Rückschlag: Einmarschieren von UdSSR in Afghanistan; Ende der 70er Jahre ausserdem Konstitutierung der 3. Welt u Streben dieser Länder nach neuer Weltwirtschaftsordnung; Rezession 1978

  →→ Aufkommen neomarxistischer Ansätze!!!
- V. Ende der Bipolaren Weltordnung → Erneut Optimismus, weil Vormarsch der Demokratie, Vertrag von Maastricht

  →→ sozialkonstruktivistische Ansätze (Kognitive Vorgänge, Sozialisierungsprozess) kommen
- VI. Aufstieg Chinas, Indiens und anderer; Krisen des Kapitalismus? Rückkehr von Machtpolitik?

2. Vorlesung

Drei Prinzipen des Staatensystems (seit 1648) !!!

- **Territorialität**: Die Menschheit ist in exklusiven pol. Gemeinschaften organisiert *(Staatsvolk/Staatsgebiet)*
- **S. nach innen**: Gewaltenmonopol (Armee/Polizei), rechtliche Autorität (Rechtsetzung, -anwendung) und Steuerhoheit *(Staatsgewalt)*
- **S. nach aussen**: wechselseitige Anerkennung (Nicht-Einmischung) und Nicht-Intervention → bezog sich nach Westphälischem Frieden vor allem auf Religionsfreiheit kath./protestantischer Staaten *(Staatsgewalt)*

→ 3-Elementelehre überlappt sich mit diesen drei Prinzipien

→ am Beispiel an Westjordanland: Problem des Territoriums, weil z.T. besetzt!!!

Wie haben sich diese Staaten historisch etabliert?

- Erste Stadtstaaten in Antike → hatten abgegrenzte Völker (polis)
- Mittelalter → Ordnung der weltlichen Herrschaft mit paralleler, kirchlicher Herrschaftsstruktur → katholisches Römisches und Orthodoxes Byzantinisches Reich (Konstantinopel)
- → rechtliche Ordnung war aber NICHT konsolidiert in der weltlichen Sphäre!! Da kam oft Kirchenrecht zur Anwendung (→ Frei)

  → im feudalen Europa: sich überlappende Herrschaftssysteme (Lehnsherrn, Kirche, Kaiser...)

→→ Wendepunkte zur Moderne: Westphälischer Friede; dann sukzessive (d.h. langsam, weil am Anfang waren es ja absolutistische Staaten) Verbreitung von Territorialstaaten

→→ souveräne Staat: europäische Erfindung

→→ auch jetzt entstehen immer noch neue Staaten; postmodern = Überwindung des reinen Staatensystems wie Bsp. EU

Konsequenzen für die IB

- Die Welt ist eingeteilt in souveräne territoriale Staaten
- Anarchie → keine Staatsgewalt über den Staatsgewalten
- Int. Recht dient nur Koexistenz
- Differenzen zwischen Staaten entscheiden sich nach dem Machtprinzip

Entwicklung Staaten/Staatstypen im 20. Jhd.

- s. Frei
- Demokratie setzt sich nach und nach durch; aber auch Zunahme der Staaten „failed states"
→ Anocracies

Staaten und Geopolitik (= Machtpolitik)

- Machtverteilung: Bipolarität (1947-1989); Unipolarität (1990-2007: US hegemon); Multipolarität (seit 2007); aber Staaten als Organisationseinheit verlieren an Bedeutung
- Wie misst man Macht? →→ Michael Mann: 1)) Wirtschaft 2)) Militär 3)) Politik (wie gut kollektive Dinge regeln + durchsetzen → **innere S.**; hat mit Legitimität zu tun) 4)) Ideologie (Normen, Werte → way of life) →→ J. Nye: „power of attraction" (soft power)

Neue Akteure in der Weltpolitik

- Vervielfältigung von Akteuren vorhanden, sowohl international als auch innerstaatlich → z.B. Bundesamt für Migration, das mit anderen Stellen in D schon Verbindung hat → Segmentierung/Verfransung der Aussenpolitik →→ TRANSGOUVERNEMENTALISMUS (FINANZ Staat A – FINANZ Staat B)
- NGOs wichtig weil: 1) Wissen 2) Transparenz → agenda-setting
- Weshalb IGO (WTO, Kyoto, ILO) wichtiger geworden? → a)) Durchsetzungsmechanismen → nehmen zu; nehmen in Bereichen Tätigkeit auf, die mehr und mehr b)) Kernbereiche der Souveränität von Staaten betreffen.

UNO

- System der Vereinten Nationen → es sind nämlich viele Sub-Organisationen
- UNO einzige int. Org. die universelle Geltung hat → jeder souveräne Staat ist Mitglied der GV der UNO; Resolutionen der GV sind aber NICHT verbindlich!!!
- Sicherheitsrat (5+10; 9 müssen zustimmen, davon alle 5 ständigen Mitglieder) Wirtschafts- und Sozialrat (pflegt Vrb. zu akkreditierten NGOs)
- WTO ist nur assoziierte Org. zur UNO; dann auch mehr oder weniger selbständigen Spezial-Bereichen wie UNESCO/ILO etc., die eigenes Budget haben

Bilder int. Org...

- ...als *Instrument* staatlicher Diplomatie (pol. Realismus) → solange sie den eignen Interessen nutzen, werden sie gebraucht
- ...als *Arena* bzw. zwischenstaatliches Verhandlungssystem (liberaler Institutionalismus) → pol. Lösungen können so gefunden werden, die für alle Nutzen bringen; schiebt Unilateralismus einen Riegel vor

4

- ...als *Akteur* (starker Institutionalismus, Sozialkonstruktivismus) → int. Org. haben sich von Staaten emanzipiert und wirken sozialisierend auf Staaten, indem sie diesen vorschreiben, was die Interessen sind.

Je nachdem welche Theorie → Souveränität der Staaten wird transformiert →→ wird auch beeinflusst von Selbständigkeit → wiederum Kriterien: 1. Entscheidungsverfahren (Verrechtlichung) 2. Verbindlichkeitsgrad 3. Präzision 4. Durchsetzung (z.b. WTO supranational)

Regionale Wirtschaftsintegration

- NAFTA, EU, Mercosur, AU, ASEAN

Kriterien NGO

- Nicht gewinnorientiert
- Nicht direkt rein politisch tätig
- Keine geschlossene Org.
- Nicht illegal
- Nicht rein religiös tätig
- Nicht völkerrechtlicher Gründungsvertrag
- Eigener Sitz
- Mindestmass an repräsentativer Struktur

Guerillas sind transnationale Gesellschaften, aber krimineller Natur.

(Global Governance-Geflecht Folie!!!)

→ „Global Public Partnership" (von Kofi Annan vorgeschlagen) ist ein Beispiel für Governance-Geflecht → Unternehmen kontrollieren sich vor Auge der Öffentlichkeit selbst

3. Vorlesung

Wozu Theorie?

- Theorie: Kausalanalytisch (Waltz → Gesetzmässigkeiten finden, erklären) oder kritisch (Cox → Ideologiekritik)
- Theorien unterscheiden sich durch:
  1) Untersuchungsgegenstand (wo Wirkung)
  2) Analyseebene: Verortung der unabhängigen (erklärenden) Variable
  3) Zweck der Analyse: erklären vs verstehen
  4) Methode: naturwissenschaftlich (positivistisch → Kausalzusammenhänge bestätigen, verwerfen) vs traditionell vs post-positivistisch (kritisch → z.B. Feministische Betrachtung von IB)

→ Folie der drei Debatten!

- 1. Debatte: normativ geprägt

- 2. Debatte: diese beiden Richtungen nahe beieinander

- 3. Debatte: wissenschaftstheoretische Debatte → Annahmen sind nicht einfach so gegeben, sondern konstruiert

Theorie 1 Realismus und Neorealismus

- Allgemein: Abgrenzungen von Idealisten: a)) Egalitäres Weltbild vs Konkurrenz und Machstreben b)) Wesen des Menschen c)) Global Governance vs Anarchie d)) Fortschrittsglaube vs Zirkularität
- Vordenker klassischer Realismus:
  1. Niccoló Machiavelli (Il principe: Handlungsanleitung) → Trennung Politik/Moral; List und Macht als Mittel der Aussenpolitik; Staat nach innen kann zwar ethisch legitimiert sein, aber spätestens international ist es verantwortungslos; Orientierung an relativen Gewinnen führt dazu, dass langfristige Kooperationen nicht möglich sind → von Neorealismus übernommen
  2. Thomas Hobbes (Leviathan) → Naturzustand: Krieg jeder gegen jeden

Klassischer Realismus

6 Prinzipien nach Hans J. Morgenthau (Erklärung, Analyse) → in „politics among nations":

- Gesetzmässigkeiten der Politik entspringen der Natur des Menschen
- Macht als Mittel der Politik
- Nationales Interesse als feststehende Grösse → mil. Macht
- Politische Vernunft steht über Moral
- Ablehnung moralischer Universalitätsansprüche
- Ziel der Theorie: Definition des homo politicus → wie der Mensch pol. handelt

Neorealismus

- Vordenker Neorealismus:
  1) Thukydides (Athener General): Melos versucht sich gegen Athen zu verteidigen → verweist auf Kooperation, Werte, friedliches Zusammenleben → Antwort der Athener: „Machtverteilung determiniert das Handeln, d.h. Starke handeln so, wie Starke handeln müssen" (sagt auch Madam Albreight unter Clinton)...
- Waltz knüpft an Thukydides an → Theory of international politics
- Hauptaussagen:
  1) Struktur des internationalen Systems bestimmt die IB: Anarchie, Selbsthilfe (aus Ungewissheit), Sicherheitsdilemma als dominante Handlungsmuster
  2) Staaten handeln rational: als einheitliche Akteure (Black Box) und nutzen-maximierend
  3) Relative Machtverteilung bestimmt Struktur des int. Systems
  4) „Balance of Power" (inhärente Dynamik) als automatisches Verhaltensmuster von Staaten
  5) Wandel nur durch Änderung der relativen Machtverteilung → dann änderst sich int. Pol.

Zusammenfassend: Realismus/Neorealismus:

- Zentrale Akteure: souveräne Staaten
- Weltbild: Anarchie
- Problem: Krieg und Frieden
- Erklärung: neg. Menschenbild (Morgenhau) bzw. Machtgleichgewicht (Waltz)
- Mittel der Pol.: Macht (Selbsthilfe)

6

- Lösungsmöglichkeiten: Balancing, Hegemonie (Mearsheimer); Saddam Hussein → Expansion nach Alexander dem Grossen, China balancen, Saudi-Arabien im Balancen helfen

Folie bei Übersicht Governance

Zum Fazit: SAM → Staaten, Anarchie, Militärische Stärke (bei M: Soft-power → Macht, überzeugen zu können)

4. Vorlesung – Liberalismus und neoliberaler Institutionalismus (= Regimeforschung)

Liberale Kritik am Realismus:

1. Verborgene Normativität: wie realistisch ist Realismus? Verlangt er autoritäre Objektivität, die er eigentlich gar nicht hat?

2. Anarchie vs. Normen, Ordnung und Recht

3. Billiardkugelmodell nach Waltz vs pluralistische Demokratien

4 Rationalitätsmodell: Orientierung an relativen (R: kurzfristige Gewinne vor Augen; relativ → Grund, weshalb keine Kooperation zustandekommt) vs absoluten Gewinnen (längerfristige Interessen)

5 Militärische Stärke vs Diplomatie, Wirtschaft, Überzeugung

Grundannahmen:

Positives Menschenbild, Fortschrittsglaube, Egalitäres Weltbild, Positive Wirkung von Kooperation, Innenpolitische Herleitung staatlicher Interessen, Ausgangspunkt: in sozialen Gruppen organisierte Individuen, Welt als Staatenwelt und Gesellschaftswelt; ABER: mehr Weltbild als einheitliche Theorie → deshalb versch. Richtungen innerhalb der liberalen IB

Arten:

1: neoliberaler Institutionalismus [R. Keohane, J. Nye, Rittberger] → die beiden NEOs haben eine gewisse Nähe (Übernahme von realistischen Prämissen) → kam in 70er Jahren auf. Verflechtung bedeutet Verwundbarkeit (Ölpreis-Schock 1973) und Sensitivität; Kooperation wird erklärt auf Basis der Rational Choice. Im Gegensatz zur Neorealismus: 1))) Absolute Gewinne 2))) Fortschrittsglaube; was nicht bewertet wird, sind A))))) WERTE, ideelle Faktoren (es wird nicht hinterfragt, ob Freihandel wirklich gut ist). B))))) Zivilgesellschaft unberücksichtigt → daran knüpft Sozialkonstruktivismus an.

Realismus konnte nicht erklären, weshalb die Staaten Kooperation *aufrechterhielten* trotz vorhandener Rezession, die eigentlich Protektionismus hätte hervorrufen sollen. Realisten erklärten Gründung das GATT 1948 damit, dass USA 1. Dominante Macht → Interesse, ihre Macht über Abkommen zu zementieren/verbreiten und 2. UdSSR balancen wollte

Grundannahme: Interdependenz bedingt Interesse an Kooperation; Regeln (allg. Wertvorstellungen, Zielsetzungen), Normen (konkretere Gebote/Verbote), Regeln (technisierte Übersetzung), Verfahren.

→→ **Regime** ermöglichen Information u Transparenz (Erwartung); Kommunikation u Verhandeln; liefern Überwachungs-/Sanktionsmechanismen (ACHTUNG: Kooperation entsteht nicht automatisch); erhöhen Kosten des Regelbruchs;

2: soziologischer Liberalismus = Sozialkonstruktivismus

3: Liberaler Internationalismus → a)) Republikanischer Liberalismus (Kant → republikanische Verfassung = Demokratie) →→ verbunden mit Theorie des demokratischen Friedens → aufgenommen von IB-Wissenschaftlern:

- In einer Demokratie entscheiden die Bürger selbst → würden also Krieg über sich selbst beschliessen (Kant)
- Institutionen (innenpolitisch friedliche Konfliktlösung), Moral (gemeinsame Werte), Interessen (wirtschaftliche Kosten und Gefahren)

b)) Freihandelsliberalismus → Kernthese: Freihandel fördert Wohlfahrt/Frieden → verflochtene Staaten führen keine Kriege gegeneinander!

Übung 1 – Irakkrieg (Wer ist Akteur? Was waren Motive? immer: aus Sicht des agierenden Staates)

- Industrien, die auf Kriegsführung spezialisiert sind; weiter: wie sind Lobbyisten mit Regierung verknüpft → z.b. Frau von Dick Cheney ist mit Rüstungsfirma verknüpft.
- Öl-Lobby, die mit Bush verbandelt ist.
- Neokonservative Cheney Rumsfeld, Wolfowitz haben sich in Regierung durchgesetzt (Falken).
- Irak hat Tyrann als Herrscher
- Westliche Industriestaaten wollen ihre Werte/Normen durchsetzen

Neokonservatismus steht zwischen Realismus und Liberalismus!!! → Verteidigungshaushalt erhöhen, Eigennutz schützen gegen Feinde; aber auch universelle Werte wie freie Marktwirtschaft und Demokratie fördern →

→ ABER: Jürgen Habermas sagt, dass gerade DIESE unilaterale Durchsetzung von Demokratie (mit Gewalt) die Schaffung einer liberalen Welt verhindert.

Übung 2 – Gegenargumente gegen Mearsheimers China-Interpretation

Für defensive Realisten ist Macht nicht = Bedrohung; für offensive Realisten schon!

- In China gibt es aufkommende Mittelschicht, die kein Interesse an Konflikten hat → Interdependenz → Wirtschaft
- China schon immer keine Expansion betrieben (10./11. Jhd.) → Innenpolitik

5. Vorlesung (Stoff in Theorien und Themenfelder gegliedert)

Es gibt soft-**Konstruktivisten und radikale Konstruktivisten (I).**

Teil der 3. Debatte, weil keine herkömmliche Theorie konnte Ende des KK vorhersagen → Debatte über:

a. Epistemologie: WIE können internationale Beziehungen analysiert werden? → Verständnis von Wissenschaft:

→ positivistisch: Soziale Welt kann so formuliert werden wie natürliche, es gibt Gesetzmässigkeiten. Es gibt keinen Unterschied zwischen Normen und Fakten. ERKLÄREN im Vordergrund

→ interpretativ: Hineinversetzen in Akteure → was wissen sie, welches Rollenverständnis haben sie, welche Normen wirken auf sie ein. Erst dann kann man VERSTEHEN

b. Ontologie: WAS macht Internationale Beziehungen aus? Materielle Gegebenheiten (Neorealismus → militärische Kapazitäten, Neomarxismus) vs. ideelle, intersubjektive Strukturen (Neo-Gramscianismus, Konstruktivismus)

Kern: Rolle von Wahrnehmungen, Wissen, Kommunikationsprozesse

ABER: heterogene Gruppe von Ansätzen

Folie Grundannahmen des Sozialkonstruktivismus, Konsequenzen für die Analyse der IB, Entstehung neuer Normen (neue Normen dann stark, wenn Förderer an bestehende Normen anknüpfen können; in mittlerer Spalte → Konformitätsdruck als Form der Logik der Angemessenheit), Rolle von Wissen (Link zu simple, complex learning), Idealtypen der sozialen Struktur, Strukturalisierte Globalisierungsethik

→ Radikale Sozialkonstruktivisten → Objektive Theorien gibt es nicht, tragen Normen mit.

Übung: Inwieweit kann man mit dem Sozialkonstruktivismus die Kodifizierung einer Norm zur humanitären Intervention erklären (R2P → erst seit 2005 formell von UNO angenommen → epistemische Gemeinschaften und NGOs haben da ihre Spuren hinterlassen → ist Neuinterpretation jenes Artikels der UN-Charta, der Ausnahme der Interventionsverbotes vorsieht)? → welche Akteure, welche Motive? Es gab eine Wahrnehmungsänderung: Vorher wurde das Souveränitätsgebot höher gewertet als der Menschenrechtsschutz in einem anderen Land. Heute ist breitere Interpretation von Ausnahme des Interventionsverbots höher gewichtet als Nicht-Einmischung; → Elemente: Soft-Power → Überzeugen, Naming and shaming!!

Auch möglich: Früher haben europäische Länder mit Diktaturen zusammengearbeitet und merken heute, dass das negativ war. Fühlen sich heute verantwortlich und gehen im Menschenrechtsschutz voran.

Kritische Ansätze (II)

- Vorläufer: Frankfurter Schule
- Sind interpretative Theorien; hinterfragen positivistische Theorien, legen Machtstrukturen offen und bieten Alternativen (deshalb sind sie auch normativ)
- Liberale Institutionalisten stützen sich auf Spieltheorie, aber gemäss Cox bspw. → erklären nicht, weshalb es diese Umweltprobleme gibt. Nämlich aufgrund des Kapitalismus bzw. sozioökonomischer Strukturen
- Holismus →→ die ganze Welt muss man gemäss Vertretern kritischer Ansätze miteinbeziehen, und nicht einzelne Variablen.

-   Starke Verschränkung von Wissens- und Machtstrukturen →→ Bereich, wo sich überlappt mit Hardcore-Konstruktivisten überlappt.

Weshalb muss man hochspekulative Derivate zulassen, wenn sie sich als so systemgefährdend herausstellen? → Seminararbeit

6. Vorlesung

Internationale Menschenrechte

-   Politikfeld, wo Verrechtlichung am stärksten stattgefunden hat!!!
-   Erst nach dem 2. WK hat eigentliche, internationale Kodifizierung der Menschenrechte stattgefunden → universelle Wirkung nach und nach gefestigt
-   Menschenrechte auf gleicher Stufe wie Souveränitätsgebot; Spannungen zwischen Primat der äusseren Souveränität und dem Interventionsverbot

Rückblick: Zu Fazit...

→ Bereich liberal-institutionalistische Hauptthesen: Positives Summenspiel (absolute Gewinne im Vordergrund), Notwendigkeit von Regimen an Gefangenendilemma festmachen. (pooling of sovereignty: Staaten sind bereit, Teil der Souveränität abzugeben)

→ Bereich Sozialkonstruktivismus. Alle Akteure sind sozial eingebettet → „homo sociologicus"; Logic of Appropriatness (im Gegensatz zum Logic of consequence); Fokus nicht auf materialistische Aspekte, sondern auf Wissen, Lernprozesse, Wahrnehmungen → diskursiver Kontext!!!! → NGOs, epistemische Communities spielen hier eine grosse Rolle!!! → Souveränität muss neu gedacht werden im Sinne einer Gesellschaftswelt

→ Neomarxistische Hauptthesen → Fokus auf wieder materielle Werte! Theorie offen-normativ

→→→→ Zusammenfassung lernen!!!

-   Erster Schritt in Verrechtlichung der Menschenrechte → Menschenrechte im Rahmen der UNO → UNO-Charta 1945 → später nochmals spezifiziert mit int. Pakten über bürgerliche und politische Rechte; Zivilpakt gilt der am meisten der Verrechtlichung zugeführte Bereich
-   Seit 2006 gibt es einen afrikanischen Gerichtshof für Menschenrechte
-   TypenKategorien von Menschenrechten → man nennt es auch Generationen von Rechten
    1) Politische/Bürgerliche Rechte, meist aus dem 1. UNO-Pakt → sind am stärksten kodifiziert, gelten unmittelbar und sind grösstenteils Gewohnheitsrecht; Grundfreiheiten → gilt für alle (ausser bei pol. Partizipation → aktiv/passiv) →→ universell auf UNO-Ebene
    2) Wirtschaftliche und soziale Rechte →mehr deklaratorischen, programmatische Rechte; weniger gegenüber Staat gerichtet, sondern Leistungsansprüche der Menschen gegenüber der Politik → diese Rechte haben kommunistische Staaten stärker gefordert
    3) Rechte der 3. Generation → „Rechte der Völker" → Gemeinschaftsrechte, die sich auf Kollektiv beziehen → kein internationales Abkommen, das diese Rechte umfassend regeln würde → in Afrika aber auf regionaler Ebene geregelt (afrikanische Charta); mehr Appelle, Prinzipien, deklaratorisch

- Internationale Durchsetzung der Menschenrechte → Grundsätzlich → Grundprinzip: Es liegt in Grundverantwortung
  →des **Staates (Gesetzgebung)**!
  → aber es gibt auch Reihe **Multilaterale** Mechanismen →
  a. im Rahmen von *Verträgen* (am verbreitetsten: Berichtsverfahren → Berichte; Staatenbe-schwerde → einander anprangern, shaming; Individualbeschwerde → z.B. Einzelner bei EMRGH klagen)
  b. mittels *internationaler Org.* → UNO-Menschenrechtsrat, IGH (1. Relativierung des Souve-ränitätsgebots, weil direkt auf das Individuum zurückgegriffen wird 2. Wirkt auch dann, wenn ein Staat Vertrag nicht ratifiziert hat →→ IGH wird nur subsidiär beigezogen, wenn Staaten selbst nicht dafür sorgen können, dass Verbrechter bestraft werden)
  → Bilaterale Mechanismen: politische Konditionalität (positive, negative); USA machen das und europäische Staaten auch; direkte Beziehungen zum Staat → Bsp.: EU: Entwicklungshilfe nur dann, wenn Menschenrechte eingehalten (pos.)
  → ZG: NGO sind dabei durchaus anerkannte Akteure → „Human Rights Watch"; oder: PPP → Internationale Normen zu schützen, z.B. Arbeitnehmerrechte im Rahmen des Global Com-pact zwischen UN-Sekretär und den multinationalen Unternehmen
- Übung Regimeanalyse:
  → Neo-Realismus → *hegemoniale Staaten, die Macht festigen wollen*
  → bei Sozialkonstruktivismus → Erfahrungen des 2. WK und der Konflikte danach führen zu Lernprozess, steigert Wissen und es erscheint passend, so zu handeln; stimmt mit eigenen Überzeugungen überein →→ *vor allem etablierte Demokratien haben Menschenrechte ge-fördert, weil das zu ihnen passt*
  → Liberaler Institutionalismus → *innenpolitische Motive in neuen Demokratien* → *die kann man rational herleiten, weil das Regime Mehrwert gibt* (absolute) → Demokratie schützen gegen Revolten!

- Kodifizierung von Menschenrechten geht mit der Konsolidierung der Demokratie einher, wenn Menschenrechte aus liberaler Sicht erklärt werden sollen → vgl. Moravcik. → Wirkung: lock-in-Effekt(!)
- Boomerang-Effekt im Zusammenhang mit dem Sozialkonstruktivismus →→ Beziehung zwi-schen Prozess u Struktur
- Kritische Ansätze → betonen Universalisierung der Menschenrechte, vorangetrieben durch westliche Länder

7. Vorlesung - Weltwirtschaftsbeziehungen

- Strukturen der Weltwirtschaft im 20. Jhd. → (Zitat wichtig!)
- Eigentliche Bretton-Woods Institutionen sind nur IMF und Weltbank
- GATT/WTO kam später dazu (WTO 1995 gegründet); GATT usw. sind als Unterverträge da drin integriert
- Krise der 70er Jahre → Ende des Bretton-Woods-Systems
  EL = Entwicklungsländer

- Zur Struktur der WTO: Bei WTO zwei Durchsetzungsmechanismen für GATT, GATS, TRIPS. Weichere Durchsetzung durch Handelspolitisches Prüforgan und härtere durch Schiedsgericht; WTO ist stärker geworden, mehr Durchsetzungskraft und verbindlicher, verrechtlichter; weil bei GATT gab es viele Ausnahmeregelungen
- Die Krise 2007 und die Rolle der G20 → Derivative losgelöst von realer Wirtschaft, Grund weshalb es dann zur Senkung der Leitzinsen gekommen ist, weil es eine Deflationskrise war. Zusammenbruch eines spekulativ aufgeblähten Wirtschaftswachstums
- G20 reflektieren veränderte Machtbalance → Schwellenländer dabei
- Stimmenanteil im IWF (Stimmengewichtung nach Einlagen in IWF) → im Sinne des Realismus → Hegemonie zementieren. Es kommt aber zur Sperre von Minoritäten, weil kleine wenig zu sagen haben.

8. Kenneth Waltz – The Origins of War in Neorealist Theory

- Theorien können nicht Ausnahmen erklären; deshalb führen diese auch nicht zur Unanwendbarkeit einer Theorie → d.h. z.B. besondere Kriege; vielmehr stehen Wiederholungen, Regelmässigkeiten im Vordergrund (Gesetzmässigkeiten, wenn a → b)
- Einige Faktoren sind wichtiger als andere → Waltz beschränkt sich auf sehr wenige!!
- Hauptabsicht des Neorealismus: Autonomisierung Internationaler Politik → erst so möglich, eine Theorie darüber zu machen (Stichworte System [Annahmen integriert, rational] und Struktur, wobei sich diese aus ersterer ergibt)
- Im Vergleich zum Klassischen Realismus sieht Neorealismus Ziele und Kausalzusammenhänge anders.
- (U1): Morgenthau → **Macht ist Ziel** an sich! Bei (defensivem) Neorealismus → **Mittel zum Zweck/Ziel (Sicherheit)**; dies bleibt nicht ohne Folgen, weil extremes Sicherheitsstreben auch zu weniger Sicherheit führen kann (andere Staaten sichern sich ihrerseits, was mir wiederum weniger Sicherheit gibt)
- (U2): Für Morgenthau gibt es zwei Hauptgründe für Konflikte:
  o Kampf um knappe Güter → ohne, dass Wesen des Menschen eine Rolle spielt
  o **„Animus dominandi"** → das im Menschen inhärente Machtstreben

  →→ Unit-level-bezogene Ursachen von Konflikten

- Waltz ABER sagt: Struktur muss miteinbezogen werden, um internationale Politik zu verstehen (er sagt aber NICHT, dass unit-level Gründe unwichtig sind) → DENN: Unterschiedliche Charakteristika der Staaten sind nicht DIREKT mit Resultaten auf der int. Ebene verlinkt (erklärt, weshalb Unterschiedliches zu gleichem Output führen kann)
- DESHALB ist gemäss Waltz „Animus dominandi" nur notwendige, aber nicht hinreichende Variable für Erklärung der int. Politik →
- Stützen alleine auf **unit-level-Ursachen** ist deshalb irreführend, weil sie mit jenen der **Systemebene** gekoppelt sind **(3rd Level)**
- So kommt es vor, dass **Änderungen der Ergebnisse auf 2nd** Level nicht mit **Änderungen auf 1st Level** korrelieren →→ deshalb ist anzunehmen, dass auch **im System Ursachen** gibt
- →→ Theorie kann so auch Diskontinuitäten erfassen, die sich in int. Politik abspielen
- **Struktureller Realismus = Systemisches Abbild int. Politik**

- Wechsel der **Struktur (1. _Anarchie_, als Organisationsprinzip + 2. _Verteilung von Capabilities_ in terms of Militär/Wirtschaft; Position vis-à-vis)** → ergeben sich durch Wechsel in Anzahl von Grossmächten.
- Frage also: Wie werden sich Staaten bei untersch. Struktur verhalten??
- Es geht also um Frage, wie ein Staat in int. Politik **positioniert**, und nicht wie es innerstaatlich konstituiert ist → damit wird deutlich, dass
- Morgenthau kann erklären, weshalb versch. Staaten versch. reagieren, aber nicht: weshalb versch. Staaten gleich reagieren (!!)
- Konflikte entstammen direkt aus Konsequenz der Anarchie, sodass gilt:

   ASV: Anarchie (keine Gewalt über Gewalten) führt unter **Systemannahmen**[1] (Rationalität als exogene Annahme → _Handlungsprinzip ist Selbsthilfe_ → _Machtmaximierung_) zu → **Struktur** → **Verhalten bzw. Konflikte** →

- → **Reziprozität**, WEIL: Wenn bei Machtanhäufung von Land B sich bestimmte Struktur ergibt, fühlt sich ein Land A unsicher und maximiert ebenfalls Macht wiederum auf Land B usw. →→ _Sicherheitsdilemma_!
- Resultat oft: am Ende stehen ALLE schlechter da
- Ein Kriegszustand herrscht, wenn alle Staate nach Macht streben; aber auch dann, wenn sie nur nach Sicherheit streben (offensiv/defensiv)
- System-Struktur-Relation erklärt das immer wieder Auftauchen von Kriegen; aber nicht die Besonderheit eines Krieges in einer bestimmten Situation. Daran anknüpfende Frage ist deshalb → Wie wirken sich Änderungen des Systems auf Frequenz von Kriegen aus?

- Keeping Wars cold. Annahme: 5 Grossmächte → _**Multipolarität**_. Allianzen machen hier nur Sinn, wenn die Interessen von neg. Vorzeichen geprägt sind → d.h. z.B. Angst vor anderem Staat. DENN, wenn positiv/konstruktiv → **Allianzen** sind nur **Kompromisse**, die mit eigenen Plänen nicht übereinstimmen →
- → **Flexibilität** (i.S. mit x-beliebigem kooperieren) = **Rigidität**, weil sich Staaten auf Strategie des Anderen einstellen müssen und ihre Handlungsfreiheit somit einschränken
- (a) Ein Staat kann so in einen Konflikt hineingezogen werden, wenn ein relativ schwächerer Staat geschützt werden soll (weder soll er verlieren noch soll mit NICHT-Einschreiten eine Uneinigkeit der Allianz demonstriert werden)
- (b) ausserdem: Zwei Blöcke mit je gleich starken Partnern (bspw. 2 ↔ 3) führt dazu, dass EIN Staat nicht die Kontrolle über den Kurs der Allianz/das Handeln des Anderen hat
- Annahme: Nur 2 Grossmächte + jeweils kleinere Staaten → _**Bipolarität**_
- Die Grossmacht muss innerhalb der Allianz nicht auf den kleineren, abhängigen Staat schauen, weil dieser vom ersten abhängt → Bsp.: USA könnte gegen Frankreich und GB handeln, würde nichts an Allianz ändern.
- Flexibilität führt hier sogar zu einer Ausweitung von Handlungsfreiheit, weil es Strategien der Partner nicht mit zu befriedigen braucht, sondern diese für ihre Eigeninteressen nutzen können.

---

[1] System greift in anarchischem Umfeld

- Eigene Kontrolle führt dazu, dass Bipolarität viel stabiler ist, weil immer klar, wer der Gegner ist. Eine Grossmacht muss nie befürchten, dass ein anderer Staat plötzlich die Allianz wechselt, um seine Interessen zu vertreten. → Folge:
- Eine Grossmacht, die einen „Block" führt, kann also relativen Machtgewinn erzielen, ohne dass sie deswegen die ganze Allianz in einen Krieg mithineinzieht. →
- in einem solchen Falle würde die Allianz funktionieren, aber eine Einigung über Handlungen unter gleich starken Mächten ist sehr schwierig. →→
- und genau dieses relative Machtstreben von jeweiliger Grossmacht in Bipolarität steht für Entschlossenheit, den von der anderen Grossmacht jeweils initiierten jeweils zu stoppen → wirkt ausgleichend (z.B. WAPA-Gründung, Marshall-Plan).
- TROTZDEM: bei beiden bestehen Gefahren: Falschberechnung von einigen Staaten in multipolarer Welt sowie Überreaktion von beiden in Bipolarität ist Quelle der Gefahr. Aber Flachberechnung ist viel gefährlicher, weil Status quo wird gefährdet; bei zweitem höchstens nur unnötige Kleinkriege
- Bipolarität besser:
  1. Bringt relativen Gewinn und Sanktionen am besten zum Ausdruck und vermindert so relativ die Ungewissheit.
  2. Die zwei Grossmächte sind weniger interdependent, weil grössere Fläche mehr Ressourcenvielfalt →→ USA + UdSSR wenig Handel: Eröffnet Möglichkeiten, dass weniger Streit. Gehen einander aus dem Weg, auch wenn ihre Sicherheit voneinander abhängt.
- **Relativierung:** In einer Bipolarität ist auch Machtstreben vorhanden, aber es ist zu managen. Es ist aber schwer zu sagen, ob Bipolarität alleine den Frieden zw. USA + UdSSR aufrechterhielt. Es gibt 2. Faktor neben Bipolarität, der Frieden im KK aufrechterhielt →→ Grund weshalb für Waltz unit-level auch wichtig
- **Grundsätzlich:** Chancen auf Frieden steigen, wenn die Kosten relativ zu Gewinnen (eines Krieges) steigen + Länder ihre Ziele erreichen können ohne Gewalt.
- **G1** mit Realisten:
- **(a)** dass es um militärisch-technologische sowie strategische Beziehungen zwischen Staaten geht.
- Nuklearwaffen halten Staaten eher davon ab, in den Krieg zu ziehen als konventionelle Waffen.
  A-Waffen machen Ursachen konventioneller Kriege unwirksam, d.h., dass kriegsführendes Land nämlich etwas gewinnt, wenn es den Gegner konventionell schlägt. Letzteres kann A-Bombe zünden (Zweitschlag-Möglichkeit → A Waffen sind ABSOLUT im Gegensatz zu konventionellen → RELATIV). Dies MAS verhindert Krieg!
  Damit eine Grossmacht ihre Interessen durchsetzen kann, muss es nicht mehr den Gegner militärisch besiegen. Truppen des Gegners können umgangen werden (deterrence)
- **Exzessiver Erfolg/enorme Machtakkumulation** eines Staates → setzt Dynamik in Gang, d.h. andere Staaten opponieren. Z.B. Frankreich unter Napoleon in RU/ESP. Und Hitlerdeutschland in UdSSR (nicht-nukleare Welt; konventionell)
- **In einer solchen konventionellen Welt:** Ein Land kann anderes angreifen, wenn es glaubt, den anderen besiegen zu können. In einer nuklearen Welt kann es nur angreifen, wenn der Sieg zu 100% garantiert ist.
- **Für deterrence:** Ungewissheit nötig und nicht Gewissheit (für Frieden) → denn mit möglichem Vergeltungsschlag kann ein Staat alles verlieren.

- **Waffen und Strategien, die die Abwehr erleichtern und den Angriff erschweren, senken die Wahrscheinlichkeit eines Krieges auf null.**
- **Ein Unit-level-Mittel** hilft so, int. Eben zu kontrollieren (Struktureffekt). A-Waffen absolut → Abschreckung ist absolut.
- **For deterrence, one asks how much is enough, and enough is defined as a second-strike capability.**
- **ERGO:** Aufstockung konventioneller Arsenale in KK war wirkungslos.
- **Kriege** haben Ursprung in der Struktur des int. Systems.

9. Alexander Wendt – Anarchy is what states make of it

- The debate is more concerned today with the extent to which state action is influenced by structure (anarchy and the distribution of power) versus process (interaction and learning) → heutige Diskussion
- Bei Rationalismus-basierten Theorien: Identitäten und Interessen der Akteure exogen gegeben.
- Neorealists and neoliberals share generally similar assumptions about agents: states are the dominant actors in the system, and they define security in „self-interested terms". They may disagree about the extent to which states are motivated by relative versus absolute gains.
- Problem des Rationalismus: Es werden Annahmen getroffen, aber Strukturen ändern Interessen/Identitäten nicht → weil Annahmen, dass Akteure gewinnorientiert handeln, sind exogen gegeben und lassen sich nicht ändern (Struktur ergibt sich bei Neorealisten aus System, wobei Annahmen Teil davon; A = dass Akteur nutzenmaximierend, rational handelt → Struktur ändert sich jeweils, aber Interessen nicht).
- Wenn ein Staat entgegen der Logik der Selbsthilfe handelt, dann ist nur eine Verhaltensanpassung möglich, aber keine Umdeutung der Interessen →→ keine komplexen Lernprozesse erfassbar

10. Vorlesung - Entwicklungszusammenarbeit

- Warum schaffen es einige Länder nicht, aus der Entwicklungsfalle rauszukommen?

Fazit Welthandelsregime:

- Heutige Situation oft mit grosser Depression der 30er verglichen
- Zeit nach dem Vietnamkrieg (70er/80er) → signifikante Reduzierung der Machtstellung der USA; Ölpreisschock kam dazu, was zu einer Wirtschaftsrezession führte → es gab Tendenz zu Protektionismus (Subventionen, Standards) → aber am GATT festgehalten → die Welthandelsorganisation ist aufrechtgeblieben und mit G7 stabilisiert. → Weltwirtschaftssystem wurde reformiert
- Die Weltwirtschaftskrise heute gleicht der der 30er Jahre → wird Welthandelsorganisation sich halten können? Wird sich Machtpolitik durchsetzen und die Verrechtlichung verschwinden? Wird institutionelle Ordnung Bestand haben? →→ IWF ist aufgestockt/gestärkt worden

(2008), aber in letzten Monaten fraglich, ob das so weitergeht; bei WTO ist erneuter Anlauf in Cannes gescheitert.

→ Stattdessen bilaterale Kooperationen vermehrt vorhanden, z.B. transpazifische Kooperation USA – Australien und einige lateinamerikanische Staaten. USA verstärkt Truppenbestände in Nordaustralien → ist Machtpolitik, die China nicht gefällt; Protektionismus auf Vormarsch

- Graphik dokumentiert Protektionismus in der Welt (z.b. Zölle, Währungsmanipulationen, Exportsubventionen, Firmenrettung aus nationalem Interesse) → Verbreitung

Theoretische Diagnosen

- Club-Begriff von Nye geprägt → Clubmodell muss reformiert werden. Andere Länder wollen dazustossen (Indien, Brasilien). Auch Russland wird in die WTO kommen
- Frage, ob es Pax China geben wird → Akzeptanz von anderen Ländern nötig, dass es überhaupt ein Hegemon ist.
- Cox ähnlich wie Neorealismus, dass Welthandelsorganisation instabil ist (auch Tatsache, dass Staat nach wie vor Hauptakteur)

Nord-Süd-Perspektiven

- Dritte-Welt-Begriff ursprünglich aus KK.
- China zählt auch noch als Entwicklungsland → UN spricht aber von LDC und LLDC
- Alternative Kategorisierung über Entwicklungsstand eines Landes → UNDP → betrachtet auch mehr immaterielle Werte wie bspw. Lebensstandard (nicht nur monetär!) → hat sich aber in Praxis noch nicht so durchsetzen können.
- Schere zwischen Industrie- und Entwicklungsländer bzgl. Einkommen hat sich zwischen 1960 und 2000 mehr als **verdreifacht**

Entwicklungstheorien und Entwicklung über Zeit

- Erster Schritt in 60er → wurzelt in Freihandelstheorie; wenn Kapital und Infrastruktur zur Verfügung stellen, dann Entwicklung möglich; aber **Bildung korrupter Eliten wurde unterschätzt und Fähigkeit des Verwaltungsapparats.**
- In 70er: Kritische Ansätze → hängt mit Dekolonialisierung zusammen und Verschuldung der dritten Welt → Dependenztheorie. Kapitalismus muss nach neuen Absatzmärkten suchen, muss expansiv sein, um den inhärenten Niedergang zu vermeiden →→ dritte Welt als Ort neuer Absätzmärkte. Expansionswille auch dadurch, dass Länder Produktionskosten sparen wollen → Rohstoffpreise niedrig halten → Armut; Ungerechtigkeit in Bezug auf „terms of trade" → Relativpreis bzgl. Rohstoffware Entwicklungsland und Ware Industrieland.
Vertreter dieser Theorie verlangten Abkopplung von Weltmarkt, eigene Industrie stützen/schützen und dann erst dann öffnen. Alternative Welthandelsregime: Süd-Süd-Handel. Wäre alles Teil einer New International Economic Order → bestünde darin, terms of trade zu verändern und eigene Produktionsbasis unterstützen lassen von IL.
Wallerstein: Kern lagert Arbeitsprozesse in die Semi-Peripherie aus → günstigere Produktionsbedingungen! Regierungen von Semi-Peripherie-Staaten zeigen sich immun gegen Forderungen nach mehr sozialer Gerechtigkeit. Dependenzia nach wie vor da, aber dann kam auch:

- 1990er-heute: Neoliberalismus. Der Staat ist zu dominant (washington consensus) → deswegen Privatisierung, Abbau von Subventionen, schlanker Staat. →→ später: **Good Governance** Ansätze. Bürgertum soll dynamisches Element sein.
- 2000-heute: Postmoderne Alternativen. Infragestellung westlicher Entwicklungsmodelle → stattdessen soll Armutsbegriff an Bedürfnisse der Menschen (basic needs) angepasst werden und nicht an unsere Vorstellung monetärer Werte; bottom-up gedacht. **Armutsbekämpfung und nicht primär Entwicklung**

Institutionen der Entwicklung

- ODA (official development agency)→ in der Schweiz DEZA
- Private → dazu gehören z.B. auch int. Firmen, die sich für Armutsbekämpfung einsetzen im Rahmen der Auslandsinvestitionen; aber auch „remittances", das sind Geldbeträge, die Eingewanderte an ihr Ursprungsland zahlen.
- Internationale Finanzinstitutionen: Unbekümmerte Modernisierung entspricht Infrastrukturbau-Vorhaben bis 60er

11. Vorlesung – Sicherheitspolitik (14.: Rep.: Fragen 1 Woche vorher an Lavenex)

Rekapitulieren der Wirtschaftsordnung:

- **Realismus**: sich von Importen unabhängig machen, indem sich Staaten protektionistisch verhalten. Liberalisiert wird nur, wenn Wettbewerbsvorteil entspringt, das heisst relativ mehr gewinnt, was nur wahrscheinlich ist, wenn man Hegemon ist → grösser mehr Skaleneffekte. Freihandelsregime gibt es nur, weil von Hegemonialmacht so unterstützt wird. Wenn dieser Hegemon wegfällt, was heute der Fall ist, dann gibt es Tendenz hin zu Protektionismus → Grund, weshalb heute WTO in Krise steckt. Jeder hat Angst, dass er relativ verliert.
- **Liberaler Institutionalismus:** Freihandelstheorie → alle Länder haben Interesse daran, alle nehmen teil, weil auch absolute Gewinne als Gewinne gelten. Erklärung lässt sich mit Gefangenendilemma anführen. Es besteht in Anarchie immer ein Anreiz abzuweichen, d.h. sich protektionistisch zu verhalten. Wenn aber jeder abweicht → Gesamtwohl viel schlechter, wie wenn alle sich an Regime halten →→ deshalb Kooperation!!
- **Neomarxismus:** Kampf sozialer Klassen im Vordergrund. WTO als Teil eines hegemonialen Blockes (Neo-Gramscianismus) → Abbild von Ausbeutungsverhältnissen; Staat ist Abbild der partiellen Interessenkultur der herrschenden Klasse.
-

Handel	Finanzen	Entwicklung
- WTO (jedes Land hat eine Stimme, nach Konsensprinzip entschieden)	- IWF, Weltbank (Stimmen gewichtet im Gouverneursrat, gemäss Einlagen im Fond) → USA hat Macht der Sperrminorität	- IWF, Weltbank, FHO (Ernährungssicherheit, UNDP (koordiniert Entwicklungshilfe), UNCTAD (Beratung für Entwicklungsländer); - TREND: BILATERALE Entwicklungshilfe → als Gegensatz zum

		Multilateralismus - NGOs - „Remittances" → Migranten, Diaspora → die letzten drei auch wichtig in Bezug auf Interpretation aus sozialkonstruktivistischer Sicht.
Sehr verrechtlicht; präzise; Berichtsverfahren; doppelte Durchsetzungsstruktur	Setzen keine Regeln, vergeben Kredite → nicht politisch tätig; bis 1971 aber mit Bretton-Woods stark verrechtlicht bzgl. Finanzmarkt (heute aber: ad-hoc-Kooperation im Rahmen der G8/G20; Rating-Agenturen)	KEINE vertraglichen Verpflichtungen der Staaten; nur Absichtserklärungen!!!

Sicherheitspolitik:

- Sicherheitspolitik – Wandel des Begriffs → neue Kriege (transnationaler Terrorismus)
- Libyen ist Anti-Regime-Krieg; Sezession: Tschetschenien-/Palästina-Konflikt
- 2005: Irak und Afghanistan sind zwischenstaatliche Kriege, der Rest (26 von 28 Konflikten) sind innerstaatliche Kriege →
- Souveränitätsfrage wird anders beleuchtet → Selbstverteidigungsrecht (wurde im Falle der USA 2001 angewandt, als sie in Afghanistan endrangen).
- „alle anderen Mittel" → damit z.B. Wirtschaftssanktionen gemeint.
- Formen von Sicherheitskooperationen
  a) Kollektive Sicherheit: Art. 7 UNO-Charta: gemeinsam gegen Rechtsbrecher vorgehen → das, was Woodrow Wilson im 14-Punkte-Plan gefordert hat.

  b) Kooperative/Koordinative Sicherheit: wenig verrechtlichte Zusammenarbeit, Dialog, vertrauensbildende Massnahmen →→ Military-to-Military-Relations, aber sonst vor allem nichtmilitärische Massnahmen.
  c) Kollektive Verteidigung und Rüstung: NATO → regionales Verteidigungsbündnis, unter Führung der USA; hat sich neu erfunden seit KK → d.h.: Wahrung der Sicherheit weltweit!!! Wurde auch stark erweitert →→ PL, CZ, H…
  d) Integrative Sicherheit: EU ist ja hauptsächlich aus Befriedungsabsicht entstanden → zuerst Stahlindustrien zusammenlegen (Montan-Union); Internationales System kann sich über transformative Dynamik in Kant'sche Welt wandeln.
  (Tabelle)

Syrien bekämpft Demonstranten. Letzte Woche Bericht im Menschenrechtsrat erschienen → wonach Verbrechen gegen die Menschlichkeit vorgefallen.

Im UN-Sicherheitsrat wurden nicht-militärische Massnahmen (Sanktionen) beschlossen. Aber von militärischer Intervention weit entfernt, weil Iran von Russland und China unterstützt. Und: arabische Liga hat erst letzte Woche gerade Wirtschafts-Sanktionen erlassen, umfassende. →→ erstmals, dass diese Liga so stark in Erscheinung tritt!!! Wollen internationale Intervention vermeiden. → Regionalisierung und NICHT mehr MONOPOL DER UNO.

Offene Frage bleibt: wie effizient sind Beschlüsse der regionalen Org. „arabische Liga"?